AF465609

TRIBUNAL CORRECTIONNEL DE NANTES

PROCÈS

DU

PHARE DE LA LOIRE

AUDIENCE DU 5 DÉCEMBRE 1868

PRÉSIDENCE DE M. CRUCY

NANTES

IMPRIMERIE ÉVARISTE MANGIN.

Décembre 1868.

TRIBUNAL CORRECTIONNEL
DE NANTES

PROCÈS DU PHARE DE LA LOIRE

AUDIENCE DU 5 DÉCEMBRE 1868

PRESIDENCE DE M. CRUCY.

M. Julhiet, procureur impérial, occupe le siége du ministère public.

Me Waldeck-Rousseau est au banc de la défense.

M. le procureur impérial commence son réquisitoire par quelques mots sur le représentant Baudin. Il était, dit-il, entièrement inconnu. L'attention si bruyamment éveillée eut à se porter et sur les antécédents de l'homme et sur les honneurs posthumes dont il était l'objet.

On n'a pas tardé à discerner dans cette manifestation une pensée séditieuse. Cette intention coupable n'a pas échappé à l'opinion publique, qui a refusé de s'y associer. Le fait en lui-même était assez significatif. C'était une attaque à peine déguisée contre le gouvernement. Cette glorification était une protestation contre l'ordre de choses actuel.

L'événement avait eu son prologue au cimetière Montmartre. Il a eu ses commentaires audacieux dans la presse. Elle n'a pas craint de dire au pays que la souscription était un moyen d'arriver à la révision des votes d'où l'empire est sorti.

Le ministère public, passant des appréciations générales aux faits particuliers, examine les résultats de la souscription ouverte par le *Phare*. C'est à peine si avec les anonymes et les étrangers on y trouve, dit-il, 160 à 180 adhérents.

Cette souscription annoncée comme un acte de courageuse résistance à l'arbitraire, a produit dans cette ville moins de 800 francs.

M. le procureur impérial croit que le pays, voulant la paix, qui peut seule assurer le développement des libertés, repousse tout antagonisme qui entraînerait la France dans de nouveaux bouleversements.

M. Julhiet revient sur la composition de la liste de souscription du *Phare*. On y trouve sans doute, dit-il, des noms qui prouvent que certains souscripteurs ont considéré ce mouvement comme une satisfaction donnée à une grande pensée politique, à un sentiment national. Il se peut qu'aujourd'hui ces mêmes adhérents regrettent leur coopération, et que le tribunal leur fasse sentir qu'ils ont prêté une assistance morale à un acte séditieux.

Le ministère public examine ensuite le texte de la loi de 1858. Il le trouve d'une parfaite clarté, et s'étend sur la question de droit pour prouver que la justice ne peut éprouver aucune difficulté d'interprétation et d'application ni aucun doute pour la culpabilité.

Le mot manœuvre est une expression usuelle ; on s'en sert très souvent pour qualifier certaines élections, certains délits, etc. Il cite un arrêt qui applique ce mot de manœuvre à tout ce qui porte clairement atteinte à la paix publique. Les intelligences entretenues à l'intérieur sont également une expression très nette pour définir et caractériser ces mêmes tendances séditieuses.

Dans un long exposé des faits qui se sont passés au cimetière Montmartre et de ceux qui les ont suivis, M. le procureur impérial rappelle que les premières manifestations ont eu lieu aux cris de : *Vive la République !* cris proférés près de la tombe de Baudin. Le tribunal ne devra pas oublier ces faits d'un caractère évidemment séditieux et dans lesquels on trouve évidemment une provocation brutale à l'insurrection. C'est la vraie origine de la souscription, c'est le point de départ d'une affiliation que l'on s'est efforcé depuis d'étendre sur la France entière.

M. Delescluze n'a-t-il pas invité la presse à ne point laisser tomber l'initiative prise sur la tombe de Baudin ? N'a-t-il pas écrit à l'*Avenir national* pour que, sans retard, soit continué et propagé le mouvement par l'ouverture d'une souscription ?

Ainsi l'ont voulu les promoteurs ; ainsi l'ont compris les commentateurs. Trente journaux ont adhéré sans retard. Je regrette, dit M. le procureur impérial, de ne pouvoir présenter au tribunal un résumé général des appréciations et incitations au sujet de l'honneur mérité par Baud n, présenté comme l'héroïque défenseur du droit.

M. le procureur impérial donne lecture de plusieurs extraits des journaux qui ont pris part à cette mani estation et passe, dans son examen et ses citations, du *Journal de Genève* à la *Tribune* et à l'*Ouest*, d'Angers. Il conclut de cette lecture que rien n'établit et ne caractérise mieux une attaque violente à l'ordre de choses actuel.

Faisant allusion aux débats judiciaires dans les divers procès, notamment devant le tribunal de la Seine, il trouve que les immunités de la défense ont dépassé tellement les limites, qu'il n'oserait pas reproduire un tel langage : c'est celui de la licence et non de la liberté.

M. le procureur impérial dit que puisque M. Evariste Mangin, malgré ses avertissements, a voulu aller jusqu'au bout, il faut qu'il accepte la responsabilité de sa résistance.

Il ne nie pas que M. le rédacteur en chef du *Phare* n'eût le droit incontestable et incontesté d'honorer la mémoire des morts, mais il n'admet pas que sous ce prétexte on puisse exciter les mauvaises passions des vivants.

Le ministère public s'attache à prouver que le *Phare,* en pleine connaissance de cause, a voulu poursuivre l'œuvre de MM. Delescluze et Peyrat et l'initiative du *Réveil* et de l'*Avenir national.*

Le ministère public ne croit pas que la défense ose essayer de démontrer que la souscription n'a pas été à Nantes ce qu'elle a été à Paris. Le caractère et les intentions étant les mêmes, ce serait trop manquer de franchise et de dignité ; ce journal, ajoute-t-il, n'aura pas recours à ce subterfuge qui ne pourrait un instant abuser le tribunal. Prétendre que le *Phare* n'a voulu faire qu'une protestation abstraite, platonique.... C'est impossible ! ce journal n'a-t-il pas trop hautement annoncé son intention de s'associer à ces manœuvres coupables, pour être admis à décliner toute responsabilité.

Il demande en conséquence qu'il soit fait à l'inculpé application de la loi de 1858, la culpabilité étant démontrée sur le fait des manœuvres et des intelligences à l'intérieur.

M. le procureur général dit au sujet des événements du 2 décembre que deux fois ils ont été approuvés par les votes innombrables de la nation.

Il serait puéril, ajoute-t-il, d'attendre d'un tribunal soit une ratification, soit un désaveu de l'expression de la volonté nationale. Quand la conscience d'un grand peuple se produit dans des manifestations aussi éclatantes, la consécration est souveraine et définitive.

Le ministère public rappelle que le *Phare* a été plus de dix fois traduit en justice et insiste pour qu'à M. Evariste Mangin soit faite une rigoureuse application de la loi.

La parole est donnée au défenseur de M. Évariste Mangin.

Me Waldeck-Rousseau : Le jour où le journal le *Phare de la Loire* annonça qu'une souscription était ouverte pour élever un monument à la mémoire du représentant Baudin, M. Évariste Mangin voulut préciser le sens de sa démarche, son but, ses intentions. Il écrivait dans le journal du 10 novembre :

« Les rédacteurs de l'*Avenir National* et du *Réveil* ont pris une généreuse initiative, en ouvrant dans les colonnes de ces journaux une souscription pour élever un monument au représentant Baudin, le type de l'abnégation civique dans le droit.

» L'autorité judiciaire a manifesté la prétention d'empêcher la réalisation de cette pensée profondément libérale et d'en punir les auteurs.

» Nos confrères devaient-ils reculer devant des mesures positivement illégales? Non ! Aussi avons-nous appris sans étonnement que l'*Avenir National* poursuivait son œuvre. Depuis trois jours, le courageux journal ne nous parvient plus, parce que les saisies se succèdent comme les listes de souscription.

» Les autres organes de l'opinion progressiste en France ne pouvaient rester témoins impassibles de ce conflit. Ils se sont émus et déjà le *Journal de Paris*, le *Temps*, la *Gironde*, de Bordeaux, la *Discussion*, de Lyon, ont pris place à côté de l'*Avenir National* pour faire tête à une interdiction injustifiable. Toutes ces feuilles indépendantes ouvrent à leur tour une souscription pour élever un monument à Baudin. L'exemple gagnera de proche en proche et, si la question soulevée par le commencement de poursuite dont l'*Avenir National* est l'objet, doit être soumise aux tribubunaux, la presse libérale tout entière, sans distinction de nuance, sera prête à affirmer son droit évident.

» Il ne s'agit pas ici d'une manifestation restreinte, de l'action isolée d'un parti. Assurément, la démocratie s'enorgueillit d'avoir à glorifier l'un des siens, mais la souscription a bien une autre portée; elle réunit des hommes qui, sans se lier à jamais, se rencontrent sur le terrain de cette union libérale contre laquelle on a si mal à propos protesté et qui est la conséquence d'une communauté d'épreuves, de déceptions et, jusqu'à un certain point, d'aspirations patriotiques.

» Nous avons dû obéir, pour notre part, à la voix d'un devoir impérieux et prendre rang parmi nos confrères militants de Paris et de la province, appuyé sur tout ce qui, autour de nous, comprend la nécessité de maintenir en face de l'arbitraire, ce qui nous reste de libertés et, avant tout, la liberté des sympathies publiques. »

Lorsque M. E. Mangin estima qu'il était convenable et opportun de clore la souscription qu'il avait ouverte, il expliqua cette résolution dans le numéro du 15:

» Le but que nous nous étions proposé en ouvrant une souscription pour élever un monument à Baudin, est rempli. Sur le terrain très-largement libéral où nous avons posé la question, beaucoup d'esprits indépendants, se sont rencontrés, et la pensée de l'œuvre, franchement expliquée dans un sens exclusif de tout compromis, a reçu les plus honorables adhésions. Notre intention n'est pas aujourd'hui de prolonger cette manifestation du sentiment public. Elle a répondu à nos espérances, et nous clorons la souscription mardi prochain, en nous réservant d'aviser les personnes qui nous ont remis des offrandes, de la destination que ces dons recevront ultérieurement. »

Le 16, M. Mangin est appelé au parquet de M. le procureur impérial qui l'avertit que désormais il ne pourra continuer de publier les listes de souscription au monument Baudin, sans s'exposer à des poursuites.

Le 17, on lisait dans le *Phare :*

« Hier, nous étions prévenus par le Parquet qu'à l'avenir la publication des listes de souscription pour élever un monument à Baudin serait considérée comme constituant un délit.

» Devant cet avertissement, nous n'avons pas cru devoir nous arrêter.

» Parce qu'à nos yeux la question de droit commun posée par les journaux qui ont ouvert la souscription, est intacte ;

» Parce que si nous obéissons à la loi, nous ne voulons pas accepter, en nous inclinant, ce qui nous paraît en être l'interprétation arbitraire ;

» Parce que le jugement de première instance qui vient de frapper plusieurs de nos confrères n'établit nullement la doctrine invoquée par le parquet, et qu'au contraire il innocente le fait de la souscription, isolé de ce qu'il qualifie de manœuvres à l'intérieur;

» Parce que le Tribunal correctionnel de Nantes, s'il doit être appelé à nous juger en raison de notre résistance, aura à apprécier les choses dans la plénitude de son indépendance et de son impartialité ;

» Parce que nous ne redoutons pas cette épreuve ;

» Parce que nous faisons volontiers abstraction de nos intérêts, pour maintenir ce que nous considérons comme un droit. »

Ces déclarations multiples, faites avec la plus loyale sincérité, avec une fermeté qui s'unit à la modération du langage, définissent et circonscrivent en même temps le procès qui est fait à M. Evariste Mangin ; elles caractérisent le but et l'intention de l'acte que la prévention incrimine.

Au seuil de cette discussion, elles déterminent le procès à juger.

Ce procès a pour point de départ un fait historique qui soulève devant vous et devant le pays deux questions.

Le fait historique est tout à la fois simple et grand dans sa simplicité.

Baudin, représentant du peuple, a été tué le 3 décembre, sur une barricade, alors qu'il adjurait les troupes envoyées our la détruire, de défendre la Constitution violée, et le gouvernement régulièrement établi envers lequel elles étaient liées par un serment de fidélité.

Voilà le fait historique; le but de la souscription le voici :

Perpétuer le souvenir d'un sacrifice héroïque accompli dans l'exercice d'un droit et subi pour remplir un devoir civique ; — et comme le gouvernement s'est opposé à cette manifestation permise, maintenir un droit menacé par une mesure que l'arbitraire conseille ; que la loi n'autorise pas.

Donc le procès est dans la réponse à faire à ces deux questions :

N'est-ce pas exercer un droit respectable et sacré que de faire appel aux sympathies du pays, pour consacrer par un marbre funéraire le souvenir d'une telle mort ? résister pacifiquement et par une large expansion du sentiment public, au gouvernement qui veut interdire cet appel à tous ceux qui, sans distinction de foi politique, honorent les belles actions, n'est-ce pas encore revendiquer un droit qui se rattache à nos plus chères libertés ?

Dans les termes où le procès se pose, je n'ai ni excuse ni atténuation à vous apporter au nom de l'écrivain qui m'a chargé de le défendre.

Il a affirmé son droit de faire ce qu'il a fait. C'est ce droit qu'il m'a chargé de maintenir et de vous demander, Messieurs, de reconnaître. Il ne m'a pas donné d'autre mission.

S'excuser, c'est douter de son droit.

Ce doute pourrais-je l'éprouver et l'exprimer ?

Je ne puis oublier que je me suis inscrit le troisième sur la liste de souscription ; qu'autour de moi se sont groupés de jeunes confrères et des confrères éprouvés dans la lutte. Eussions-nous agi ainsi, si nous n'avions eu la conviction que l'acte auquel nous nous associions était l'exercice légitime et permis d'un droit ?

Depuis longtemps je suis à cette barre le serviteur fidèle et dévoué de la loi, mais en même temps, avec mes confrères, je suis le défenseur fervent du droit. Nous vivons tous dans cette communauté de sentiments, et dans la pratique de ce devoir professionnel, le premier entre tous.

Cette conviction ferme et profonde d'avoir exercé un droit respectable nous jette-elle, comme on l'a dit, dans un pénible isolement? non, non. Quand j'étudie les faits contemporains de ces poursuites, je trouve la souscription placée sous les plus illustres patronages. C'est d'abord le Barreau de Paris, dont les échos éloquents arrivent souvent jusqu'à nous.

C'est son Bâtonnier en exercice, et avec lui tous les Bâtonniers qui l'ont précédé, cortége glorieux sorti du sein de tous les partis; et mêlés à leurs noms, les noms de presque tous les hommes éminents voués au culte de la loi, et à la défense du droit: Sénard, qui, dans les grands jours de notre assemblée nationale, s'est montré le puissant défenseur des libertés et du droit;

Marie, Dufaure, ces modèles de l'intégrité politique, et tant d'autres que mon souvenir vénère si ma bouche ne les nomme pas; voilà le patronage qui s'étend sur nous et sur M. Mangin! Ce patronage est une sécurité et un honneur.

Écoutez encore une voix immortelle, celle de Berryer, écrivant au journal l'*Électeur :*

» Le 2 décembre 1851, j'ai provoqué et obtenu de l'Assemblée nationale, réunie à la mairie du 10e arrondissement, un décret de déchéance et de mise hors la loi du président de la République, convoquant les citoyens à la résistance contre la violation des lois dont le président se rendait coupable.

« Ce décret a été rendu aussi public, dans Paris, qu'il a été possible.

» Mon collègue, M. Baudin, a énergiquement obéi aux ordres de l'Assemblée; il en a été victime, et je me sens obligé de prendre part à la souscription ouverte pour l'érection d'un monument expiatoire sur sa tombe.

» Veuillez accepter mon offrande et agréer en même temps, monsieur le rédacteur, l'expression de mes sentiments les plus distingués. BERRYER.

» Paris, le 11 novembre 1868. »

Confiant ensuite à M. Marie son testament professionnel, il le chargeait d'en porter la touchante expression à ses confrères :

« Soyez, je vous en prie, mon organe auprès de notre barreau,
» auprès de nos confrères. Je les ai bien aimés, ils m'ont aussi bien
» aimé... Je leur ai été fidèle, et ce sera mon dernier honneur
» de mourir le doyen de notre ordre. Ah ! mon ami, ce grand
« barreau, qu'il reste toujours comme il l'a été, ferme dans sa
» foi, dans son amour pour le droit, car là est sa grandeur, sa
» puissance, sa force ! »

Maintenant, j'aborde avec sécurité la discussion.

J'entends soutenir à votre barre les deux thèses dont je vous ai déjà donné la formule : le droit incontestable d'ouvrir une souscription publique et d'y convier les citoyens, dans le but de consacrer le souvenir d'un homme, ou de perpétuer la mémoire d'une action, si l'action est louable, et si l'homme est digne.

J'entends soutenir encore que si l'exercice de ce droit est entravé par le gouvernement, la provocation d'une manifestation pacifique du sentiment public devient le moyen permis de surmonter cette résistance.

Si je démontre que M. Mangin n'a voulu faire que cela, qu'il n'a pas voulu aller au-delà, j'aurai écarté le délit.

Je n'admets pas, en effet, que le procès puisse franchir ces limites, car il a été défini par les paroles et par tous les actes du prévenu.

Incontestablement, et sur ce point, j'étais certain d'être d'accord avec mon éminent contradicteur, honorer la mémoire des morts est un droit inviolable. Mais, à cette déclaration de principe faite à un point de vue tout à fait général, il me semble que le Ministère public apporte immédiatement des tempéraments qui équivalent à la suppression du droit qu'il vient de constater.

En effet, si l'on nous reconnaît le droit d'honorer par le marbre ou le bronze la mémoire d'un mort, dans la pratique du principe, on arrive à des restrictions dont le nom de l'homme, la nature de l'action qu'il s'agit de perpétuer, les souvenirs qu'elle évoque, sont le prétexte. Le droit est soumis à un contrôle.

Or, je ne puis admettre ces distinctions, et je dis que le principe posé, il faut l'accepter dans ses déductions générales. Aux citoyens, appartient le droit de rendre des honneurs posthumes, sans distinction de foi politique, à ceux d'entre leurs coréligionnaires, qui ont bien mérité à leurs yeux.

Je m'étonnerais que cette thèse pût être l'objet d'une con tradiction.

Quand j'étudie la loi, dans ses applications générales diverses et celle plus spéciale qui se rattache au fait particulier qui nous occupe, nulle part je ne vois de distinction prohibitive; c'est à la conscience du pays de prononcer ; et pourtant, s'il fallait placer l'objet de la souscription incriminée, sous l'application de ces distinctions que l'on semble vouloirfaire prévaloir, je n'en redouterais aucune.

Je n'ai pas à voir, en effet, si Baudin fut avant le 3 décembre un citoyen illustre ; non ! quelle que fut sa personne avant ce jour, grande ou modeste, peu importe, c'est la personne du 3 décembre, c'est l'acte du 3 décembre, que je veux honorer.

Que l'on interroge ceux qui ont vécu de la vie politique avec Baudin; il était entouré d'affection et d'estime ; d'estime pour sa fermeté dans ses convictions. L'action qu'il a ccomplie le 3 décembre, n'est-elle pas de celles qui restent dans la mémoire des hommes, comme un magnifique exemple de l'abnégation dans le devoir? Quand, monté sur la barricade, il prononçait ces simples paroles, que l'histoire contemporaine a redites, et qui valent toutes les paroles antiques conservées par la tradition du passé, il savait bien que la mort était certaine; et pourtant il restait debout sur la barricade, adjurant les soldats de se souvenir qu'ils étaient les soldats de la République et les défenseurs de la Constitution !

Il est tombé, oui, mais c'était le défenseur du pouvoir régulier, le seul légitime à cette heure, que les balles frappaient; incontestablement le seul légitime ! car l'insurrection de décembre n'avait pas encore reçu de la victoire ce douteux baptême qu'on prend pour l'amnistie de l'abus de la force contre le droit.

Ce que je dis là, je le dis avec d'autant plus d'autorité que, peu de jours avant, l'un des ministres du président de la République, M. Rouher, déclarait au sein de l'assemblée des représentants du pays, que la Constitution républicaine était la loi fondamentale du pays; qu'elle devait être respectée et défendue par tous les pouvoirs qui émanaient d'elle. A l'heure où les balles tuaient Baudin, s'assemblait la haute Cour de justice, choisie parmi les magistrats de la cour suprême, et elle décrétait d'accusation celui qui avait attenté à la loi fondamentale.

Quand Baudin mourait, il défendait la Constitution. Il faisait ce que le ministre Rouher déclarait être le devoir de tous les pouvoirs publics.

L'action, l'homme qui l'a héroïquement accomplie, n'ayant à opposer aux balles que la grandeur de son courage et de son dévouement, voilà l'inspiration de cette souscription consacrée à élever un monument à une mémoire devenue glorieuse. Dans de telles conditions, prendre cette résolution, en poursuivre l'exécution est-ce un droit ? Ce droit a-t-il jamais été contesté ? Peut-il l'être ?

On y faisait allusion au Corps législatif, lors de la discussion de la loi de 1858, quand M. Baroche, ministre, président du conseil d'Etat, disait : « On ne peut pas punir des souvenirs, des regrets, des espérances. »

Que veut donc la prévention, sinon atteindre des souvenirs ? Qu'a voulu M. Évariste Mangin ? les perpétuer !

Ce n'est point un monument à l'insurrection qu'il provoque à élever ; c'est un monument qu'il veut ériger au devoir civique accompli jusqu'au sacrifice suprême.

Si élever un tel monument est un droit, comment donc ce droit peut-il dégénérer en délit ?

Pour le savoir, je prends la citation donnée à M. Évariste Mangin, et là je vois comment l'exercice d'un droit peut se traduire en délit.

M. Mangin est prévenu « d'avoir, en publiant dans les numéros du journal le *Phare de la Loire* des 10, 11, 12, 13, 14, 15 et 16 novembre 1868, la liste des adhérents à une souscription, dite *nationale, pour élever un monument à la mémoire du représentant du peuple Baudin,* pratiqué des manœuvres ou entretenu des intelligences à l'intérieur, dans le but de troubler la paix publique ou d'exciter au mépris du gouvernement de l'empereur ; délit prévu et repris par l'art. 2 de la loi du 27 février 1858. »

Il résulte de cette citation que c'est dans la publication de la souscription, et non dans la souscription que réside l'élément constitutif du délit.

Il faut être logique : si souscrire est permis, on ne peut pas soutenir raisonnablement que la personne qui prendra l'initiative d'ouvrir la souscription devra s'isoler.

Vous m'accordez le droit de vénérer publiquement les morts ; mais, si j'élève seul le monument funèbre, il n'aura pas d'autorité, il ne sera qu'un hommage individuel; or, je le veux national pour qu'il soit digne de la personne à laquelle il s'adresse. Je veux au moins qu'il soit l'expression d'une communauté de sentiments. Vous me reconnaissez le droit de souscrire! mais une souscription est un acte collectif, et le bon sens dit que si vous me reconnaissez ce droit, par là, j'acquiers le droit corrélatif d'appeler des adhérents.

J'ai le droit de souscrire, j'ai le droit d'honorer les morts, l'acte est licite; donc, pas de délit si je provoque à un acte licite.

Est-ce que les souscriptions ayant un but politique ont été, dans notre pays, condamnées, à l'isolement individuel? jamais; elles ont pu quelquefois éveiller les susceptibilités des gouvernements, mais jamais elles ne se sont heurtées à une prohibition ou à une poursuite judiciaire, et votre action est sans précédents.

Vous savez, Messieurs, le rôle considérable qu'a joué, sous la Restauration, le général Foy, avec quelle persévérante hostilité il a combattu le gouvernement; il est mort, ses funérailles ont produit une immense émotion; sur sa tombe une souscription nationale a élevé un immortel monument. La Restauration a-t-elle empêché l'appel adressé à tous les coreligionnaires politiques du grand citoyen et du grand orateur?

Durant la monarchie de Juillet, lorsque cet homme ferme, énergique jusqu'au sacrifice, Godefroy Cavaignac, républicain hautement avoué, est mort, a-t-on contrarié les manifestations du sentiment public? Non, et comme l'herbe pouvait couvrir et cacher sa tombe, un monument de patriotique gratitude l'a couverte.

La branche cadette, comme la branche aînée, a respecté le droit d'élever des monuments avec le concours de souscriptions publiquement recueillies, de souscripteurs publiquement nommés et quel que fût le sentiment politique auquel il était fait appel. Et plus près de nous, plus récemment aussi, la mémoire de l'un des plus glorieux enfants de la Bretagne, Lamoricière, était l'objet d'un hommage qui s'adressait autant à l'homme politique qu'au grand capitaine : une souscription était ouverte, et le gouvernement, cette fois, respectait le droit dont nous revendiquons, nous aussi, le libre exercice.

L'histoire a pour les morts illustres un égal respect pour rendre justice à leurs actions, elle ne demande pas quel fut leur drapeau. Faites comme l'histoire, et laissez-nous, dans sa pleinitude, la liberté d'honorer les mémoires qui nous sont chères.

Près de ce Palais, un monument a été élevé à un homme politique ; c'est l'homme politique seul qu'on a voulu placer sur le piédestal. Comment l'idée de ce monument s'est-elle donc exécutée ? Par des souscriptions auxquelles on a donné le plus grand retentissement.

Qu'on nous laisse révérer nos morts, comme vous, vous cherchez à immortaliser les vôtres. Et puisque la loi ne le défend pas, nous avons le droit de faire appel aux patriotiques sentiments du pays, pour inscrire un nom ou une grande action sur le marbre ou sur le bronze.

Je ne veux rien exagérer pourtant, si convaincu que je sois de la vérité exacte de ma thèse.

Le délit pourrait naître de l'abus du droit, comme si l'appel des souscripteurs était adressé dans des termes factieux, attentatoires au respect des lois, violents, de nature à troubler la paix publique.

Mais si le délit doit naître de ces circonstances exceptionnelles, il est du devoir du ministère public d'apporter la démonstration qu'elles existent à la charge du prévenu.

J'examine à ce point de vue le procès fait à M. Mangin.

La souscription est publiquement ouverte par lui le 10. Les listes d'adhésions sont immédiatement publiées.

C'est dans les numéros du 10, du 15, du 17, qu'il caractérise la souscription et formule le sens de l'appel adressé aux sympathies publiques.

Je vous ai lu les trois articles ; le 10, il ouvre la souscription, le 15, il en annonce la clôture, le 17, il dit pourquoi il ne s'est pas abstenu devant l'avertissement du Parquet. Le 10, est-ce qu'il y a un mot, une pensée, quoi que ce soit qui sorte de la plus extrême modération ? M. Evariste Mangin déclare qu'il exerce un droit, rien de plus, et il l'exerce par des moyens permis. Quoi donc de répréhensible jusqu'ici ? Vingt-huit souscripteurs répondent dès le premier jour à cet appel. Vous connaissez leurs noms ; eussent-ils répondu à cet appel s'il les avait provoqués à commettre un délit ?

L'article du 15 éclaire la pensée de l'article du 10. Il est plus significatif encore ; il est digne, il est modéré ; il montre que ce n'est pas d'un complot de parti qu'il s'agit, mais d'une manifestation de toutes les foi politiques rapprochées, confondues par un sentiment commun de patriotique admiration.

Et quand, dans l'article du 17, Evariste Mangin parle de l'avertissement du Parquet, est-ce que ce n'est pas dans les termes les plus respectueux pour la loi ?

Il y a un conflit, le gouvernement ne veut pas ce que l'écrivain, ce que nous, nous croyons permis ; à moins d'abjurer ses convictions, pouvait-il exprimer en des termes plus révérencieux, sa résolution de rendre les magistrats souverains appréciateurs du conflit ? « Mais, dit le ministère public, est-ce qu'il n'y avait, dans les numéros des 10, 15 et 17 novembre, que ce qui paraît à la surface ?

Non, les paroles voilaient une pensée secrète ; ce que l'on voulait atteindre c'était le 2 décembre, ce berceau du gouvernement ; et comme on n'osait frapper directement, on prenait un détour ; la souscription n'était qu'un prétexte. »

Le ministère public, va, ce me semble, un peu loin, en sondant ainsi les reins et les consciences. Si M. Evariste Mangin n'avait pas, dès le premier jour, sincèrement expliqué son but et ses intentions, je comprendrais ces recherches et ces investigations qui vont au-delà des intentions ostensibles et des paroles qui les révèlent.

J'ai le droit de dire au ministère public : « Poursuivez les délits apparents, mais ne poursuivez pas les secrètes sympathies, les regrets, les aspirations. Les délits ont leurs signes matériels, apparents : les *actes* ou les *paroles*. Ecrivain, je ne retranche rien à ce que j'ai dit. La justice a-t-elle le droit d'y ajouter une intention délictueuse que les paroles démentent ? »

On objecte que l'action de M. E. Mangin tombe sous l'application de la loi du 27 février 1858, et que cette loi punit les intelligences, les manœuvres qui font un délit d'un acte qui, pris dans son individualité, est licite.

C'est là un terrain bien des fois exploré, et il y aurait outrecuidance ou témérité de ma part à vous promettre, Messieurs, des aperçus nouveaux. Trop d'efforts ont été faits pour éclairer le texte et l'esprit de la loi de 1858.

Toutefois :

Ces efforts ont-ils été complétement heureux ? la lumière a-t-elle pénétré les obscurités d'une loi, qui ne veut rien préciser et rien définir, qui s'en remet absolument aux magistrats et leur laisse le soin d'arbitrer le délit, et ses éléments constitutifs ?

A-t-on bien résolu ce problème étrange qui consiste à composer un délit avec des faits individuellement licites, au moyen et par le seul effet de leur contact, ou de leur connexité avec d'autres faits ? à faire qu'un acte accompli d'une certaine manière, qui empêche qu'il soit coupable, devienne répréhensible, parce qu'il est identique à l'acte accompli par une autre personne, dans des circonstances et avec des explications ou des qualifications qui le rendent délictueux?

On l'a dit, on le reconnaît, la loi ne définit pas le délit reproché à M. Mangin, et c'est ce silence de la loi qui me préoccupe péniblement. L'élément du délit puni par la loi de 1858, réside dans les manœuvres, les intelligences entretenues à l'intérieur.

Or, c'est vous, Messieurs, que l'on a condamnés, permettez-moi cette expression, à créer ce délit. Le gouvernement vous dit : « C'est à vous de définir les manœuvres, les intelligences punissables. » On vous a déclaré que vous ne releviez que de vos consciences ; soit, mais cette omnipotence que l'on vous attribue, en soulage-t-elle les perplexités ? On reporte sur les magistrats la responsabilité du législateur.

Voulez-vous, Messieurs, une preuve sensible des contradictions qu'engendre l'insuffisance ou l'obscurité de la loi?

M. le Procureur impérial disait, il y a peu d'instant, que les manœuvres, les intelligences punissables ne s'entendent pas des trames mystérieuses ; M. Morin, criminaliste éminent, dégagé de toutes préoccupations politiques, enseigne au contraire que ces manœuvres supposent quelque chose de mystérieux et de dissimulé ; elles ont comme un faux air de conspiration.

« L'orateur cite un passage du *Journal du droit criminel*, année 1858 ; P. 80. »

Où donc est la vérité entre ces commentaires contradictoires, dites-le moi ? J'ai le droit d'être averti, il faut que je sache où est mon chemin, où est mon droit, où est le délit.

On a fait des tentatives pour dissiper ces hésitations. Dès 1858, à la fin de l'année, la Cour de cassation crut devoir donner son interprétation. Vous savez, Messieurs, quelle est son autorité ; vous savez avec quel respect nous nous inclinons devant ses arrêts, mais cette fois sa définition est entourée d'un tel luxe de circonlocutions, accusant l'embarras de la pensée, qu'on peut dire que la lumière n'est pas encore venue de ce côté.

Dans les luttes récentes, un magistrat, M. le procureur impérial de Nevers, a tenté de définir les manœuvres et les intelligences ; il a compris qu'il fallait appuyer sa définition sur des aperçus plus saisissants, et il a fait au bon sens des concessions nécessaires ; il a reconnu qu'il fallait que les manœuvres et les intelligences se révélassent par des faits caractéristiques et évidents.

Sachons avouer qu'après ces efforts des esprits, notre raison n'est pas encore satisfaite ; toutefois, il est permis d'en tirer cet enseignement : c'est que les manœuvres et les intelligences punissables ne résident pas dans l'intention. Comme la conspiration, avec laquelle elles ont une sorte de ressemblance, elles doivent résulter de faits précis et positifs.

Ceci dit, voyons quelles manœuvres on reproche à M. Ev. Mangin.

La citation est encore notre guide ; elle trouve la preuve des manœuvres et des intelligences dans la publication des listes. Cette citation, qui est l'œuvre, l'expression de la pensée de la prévention, dit que les manœuvres résultent de la publication des listes ; elle n'articule pas autre chose.

Si, après l'avertissement qui lui a été donné, M. Mangin avait cessé de publier les noms des souscripteurs, l'eût-on poursuivi ? non. L'avertissement impliquait la renonciation aux poursuites.

Donc, les *manœuvres* c'est la publication des listes de souscription.

Est-ce que dans ce fait il y a intelligence, manœuvre, quelque chose de mystérieux, ressemblant à de la conspiration, alors que les listes ne sont accompagnées d'aucune réflexion aggravante ?

Non. A-t-on jamais élevé des monuments par souscriptions sans publier les listes de souscription ? Donc, il faut quelque chose de plus pour démontrer l'existence de manœuvres ou d'intelligences coupables ? N'a-t-on pas publié les listes de la souscription ouverte pour le monument de M. Billault ? il y avait là manœuvres, intelligences. Manœuvres, pour obtenir des adhésions ; intelligences entre les souscripteurs. S'il n'y a pas d'autres manœuvres, pas d'autres intelligences dans la souscription Baudin, à quel point de vue serait-elle coupable ?

M. Billault a été illustre dans sa vie, Baudin est illustre dans sa mort ; le premier était un grand orateur politique, l'autre, le représentant du peuple, se recommandait par son énergie et la constances de ces convictions. Je voudrais bien savoir si l'homme d'Etat, dont on peut apercevoir d'ici la statue, serait mort, comme Baudin, pour affirmer sa foi politique ?

Ne cherchez point dans la souscription Baudin les traces de manœuvres ou d'intelligences coupables. Il n'y en a pas. Il a suffi de rappeler sa mort, les paroles qui l'ont précédée. Le sentiment public a éclaté, sans distinction de sentiments politiques. Le *Phare* n'a d'autre complice que ce sentiment. Ses intelligences sont dans l'émotion que les faits ont produite.

Le ministère public a bien compris qu'il fallait pour

criminaliser les faits personnels à M. Evariste Mangin, les rattacher à d'autres faits ; et, par un travail pénible, accompli avec un grand talent, M. le Procureur impérial, prenant les journaux de Paris, les journaux de province, a essayé de souder M. Mangin à la situation que le jugement du tribunal de la Seine a faite à MM. Peyrat et Delescluze. Il a tenté de créer une complicité d'un caractère aussi étrange que nouveau.

Il a pris pour point de départ l'événement du cimetière Montmartre, et il a tenté d'établir qu'en ouvrant la souscription, M. Mangin s'en était approprié les épisodes, les discours et la complicité.

A cette argumentation, dont la conclusion est impossible parce qu'elle est exorbitante, voici ma réponse.

M. Mangin porte un nom qui a ses traditions dans notre pays. S'il a l'ardeur des convictions, il en a la franchise ; il ne connaît pas les faux-fuyants qui donnent la sécurité à l'écrivain aux dépens de sa sincérité. Lorsque, par trois fois, il a expliqué dans le journal son but, ses intentions, il a livré au public sa pensée la plus intime : les actes n'ont point excédé la pensée qu'il avoue.

Honorer Baudin, affirmer son droit par la souscription, résister légalement par la publication des adhésions : tel a été son but. Encore une fois, il n'a rien fait de plus. Il l'affirme, je le crois.

Les rapprochements ingénieux du ministère public ne sauraient détruire ce fait. M. Mangin s'est adressé à tous les hommes fermes dans leurs convictions ; il a dit son but, et il a attendu.

Bien compris de tous, il a vu se joindre à son œuvre et les hommes de sa couleur politique, et ceux qui sont séparés de lui par quelques dissentiments particuliers, et ceux qui donnent leurs regrets à la branche cadette, et ceux qui ont foi dans la légitimité. Tous ont apporté leur offrande. Ainsi une pensée commune a uni tous ces hommes et les a faits se rencontrer sur un terrain où il n'y a pas de dissentiments possibles : l'admiration de ce qui est grand et généreux. M. Mangin appelle cette entente spontanée pour concourir à la souscription, l'Union libérale, c'est-à-dire la fusion de toutes les espérances légitimes ; elle est aussi la coalition, que l'on peut avouer dans une enceinte judiciaire, la coalition formée pour la défense du droit et de la liberté. Il a attaché à la souscription une patriotique intention ; dans la publicité dont elle était entourée, il a trouvé l'affirmation d'un d'un droit ; il a fait appel à tous ceux qui mettent le droit au-dessus des dissentiments politiques et des intérêts individuels : donner à la conduite de M. Mangin une autre signification, un autre but, c'est calomnier sa pensée.

J'entends dire que la manifestation du cimetière Montmartre a tardivement ravivé le souvenir oublié du représentant Baudin, et de cette remarque on tente d'arriver à la démonstration de manœuvres et d'intelligences délictueuses. Baudin oublié par quelques-uns, ne l'était cependant pas par tous. L'histoire du 2 décembre s'écrivait silencieusement, car depuis cette date le silence était imposé ; on supposait que cette obéissance effaçait les souvenirs. Le jour où la presse a été déclarée libre, a paru un livre, qui n'est que le procès-verbal authentique des événements des trois journées de décembre 1851. L'histoire du coup d'Etat s'est trouvée tout-à-coup dans toutes les mains, en France, à l'étranger, partout. Une page, au milieu des sanglants récits du livre, a ravivé tous les souvenirs et provoqué toutes les admirations, c'est l'épisode de la barricade du faubourg Saint-Antoine. Le récit débute par un fait déjà grand :

Un représentant du peuple descend de la barricade et marche au-devant des soldats; on le couche en joue, il ouvre simplement ses vêtements : « Frappez, » dit-il. Les armes se relèvent, le vrai courage a toujours commandé le respect.

Et puis après, c'est Baudin. Je ne raconte pas sa mort glorieuse, vous la connaissez tous, vous l'admirez. Voilà le livre qui a réveillé les souvenirs d'un grand sacrifice. Peut-être même, si vous voulez ma pensée tout entière, la génération actuelle s'est-elle repentie de l'avoir oublié.

Et alors est venue la résolution de décerner à Baudin, mort, cette couronne civique qui, à toutes les époques, a signalé les grands citoyens au respect des peuples. Voilà pourquoi les hommes de tous les partis se sont unis dans la souscription qu'on accuse.

Ce n'est pas Montmartre, c'est le livre de Ténot qui a provoqué cette manifestation. Que des esprits ardents se soient laissé emporter, qu'importe ! M. Mangin s'est associé à l'hommage à rendre à la mémoire d'un homme qui a accompli une grande action. Il ne s'est associé à aucun emportement. Comment soutenir encore après ces explications que M. Mangin a violé la loi ?...

Y eut-il de sa part manœuvres, intelligences, cela ne suffirait pas encore ; il faudrait, pour appliquer la loi de février 1858, que ces manœuvres eussent eu pour but de troubler la paix publique et d'exciter à la haine et au mépris du gouvernement.

Le but de M. Mangin, il l'a indiqué : élever un monument à Baudin. Y a-t-il là atteinte à la paix publique, excitation à la haine ? Vous voulez que les faits avoués par M. Mangin aient une autre portée que des honneurs posthumes à décerner à M. Baudin. Soit, je l'ai déjà expliqué. Mais voyons le but secondaire de sa conduite.

Le gouvernement a voulu empêcher la souscription.

Etait-il dans son droit ? Je ne puis l'admettre, il y avait donc là une tentative mauvaise, la violation d'un droit respectable : la liberté des sympathies !

Il y a deux moyens de lutter en pareille occurrence :

Par la violence ? ce serait insensé et criminel ! Par une manifestation pacifique ?

Oui, M. Mangin l'a voulu et il l'a fait pour affirmer son droit ; il n'a pas obtempéré à l'avertissement du 16, pour faire naître le conflit. Il s'est dit : Ou le courant de l'opinion publique entraînera le gouvernement et il cédera, ou il résistera ; cette éventualité se réalisant, vous deveniez, Messieurs, les arbitres souverains de ce conflit, soulevé de bonne foi, non pour troubler la paix publique, mais pour soumettre à la Justice une question qui émeut le pays. M. Mangin vous a dit toute sa pensée. Son programme est écrit : il l'était avant les poursuites. Est-il un autre moyen pour les citoyens, de combattre les prétentions du gouvernement, quand elles sont excessives et de lui dire qu'il se trampe ? Avons-nous oui ou non ce droit d'avertir le pouvoir ? Est-ce que ce n'est pas pour un gouvernement un gage de stabilité que d'incliner l'oreille vers l'opinion publique ?

Que serait-il arrivé, si, en 1830, le pouvoir avait écouté la protestation de ceux qui défendaient les libertés menacées ?

Le trône de Juillet serait peut-être encore debout si, au lieu d'interdire les banquets, il avait accueilli ces pacifiques manifestations, et pris conseil du sentiment public.

La puissance d'un gouvernement est dans son parfait accord avec les sentiments de la nation. Sa sécurité est là ; — elle n'est pas dans la force des baïonnettes, qui lui échappe tôt ou tard, entraînée qu'elle est par l'irrésistible courant de l'opinion publique.

Non, une fois de plus, en revendiquant un droit sacré,

indiscutable, en recourant pour le maintenir, à cet appel qu'il a adressé à ses concitoyens, M. Mangin n'a pas violé la loi, il n'a pas organisé des manœuvres ou des intelligences délictueuses.

J'ai dit que les manœuvres, les intelligences devaient, pour être constitutives d'un délit, avoir pour but de troubler la paix publique et de provoquer à la haine et au mépris du gouvernement.

La paix publique existe dès que la loi est respectée et obéie.

Qu'on examine, aussi sévèrement qu'on le voudra, les paroles de M. E. Mangin; en est-il une qui, dans la circonstance présente, ait été une atteinte à la paix publique, ou simplement une provocation à la troubler ?

Exciter à la haine et au mépris du gouvernement !

Quel acte du gouvernement M. E. Mangin a-t-il attaqué critiqué ? L'attaque ? on la recherche dans ce qui a été fait ou dit à Paris ou ailleurs. C'est dans ce qu'a fait ou dit M. Mangin qu'il faut trouver le délit qu'on lui reproche Si l'on veut faire réfléchir contre lui la responsabilité criminelle des faits accomplis ailleurs, il faut prouver, par des circonstances matérielles, et non par des inductions tirées d'intentions supposées, qu'il s'est fait le complice d'un délit.

C'est ce que le jugement du tribunal de Toulouse, du 2 décembre 1868, vient de mettre dans une évidence précieuse, à l'occasion d'un procès qui amenait à la fois devant lui le *Libéral et* l'*Emancipation*, de Toulouse, en acquittant l'un, en condamnant l'autre. La situation du *Libéral*, c'est trait pour trait la situation du *Phare de la Loire*.

Ce que le *Phare* a fait et dit, le tribunal de Toulouse le trouve fait et dit par le *Libéral*; l'action de Baudin a été l'exercice d'un droit légal; il acquitte.

Pour que le délit put sortir de la glorification de cette action, il faudrait que, par des affiliations certaines, par des faits positifs, par des correspondances, l'existence de manœuvres et d'intelligences fut démontrée. — Or, c'est cette démonstration qui manquait à Toulouse, c'est celle qui manque ici, par cette péremptoire raison, que de la part de M. Mangin il n'y a eu ni manœuvres ni intelligences.

Il faut aller au fond des choses et avoir le courage de bien montrer ce que le gouvernement poursuit. La souscription Baudin et les honneurs posthumes qu'on veut lui décerner ? Non, il ne s'en préoccupe pas. Mais dans ces derniers temps les souvenirs se sont reportés vers décembre 1851, on en parle et le gouvernement veut qu'on oublie, c'est le fond de sa pensée. Si tel n'était pas son dessein, si ce retour vers le 2 décembre n'était pas ce qui l'importune et le blesse, il laisserait faire les souscriptions et élever les monuments. Mais le 2 décembre, c'est la victoire de la force sur le suffrage universel dans sa manifestation la plus grande et la plus libre. Cette ombre le trouble. Qu'importe! le gouvernement est sans droit pour empêcher de raconter et de juger une époque, qui appartient irrévocablement à l'histoire. Sans doute il n'est pas permis de discuter la forme du gouvernement et les droits du souverain. Mais entre le 2 décembre et la proclamation de l'empire se placent deux périodes politiques qui appartiennent aux discussions et au jugement de l'histoire. On peut en parler librement.

Et comment n'en parlerait-on pas?... Le gouvernement veut que nos enfants soient initiés à l'histoire contemporaine de la patrie; il faudra bien leur parler du 2 décembre. Si on ne leur en parlait pas, comment pourraient-ils s'expliquer par quel évènement a disparu tout-à-coup, respectée le 1er décembre, abattue le 2, cette République acclamée par tous, à laquelle les dévouements acquis à la monarchie tombée, se sont empressés de s'offrir ; cette République, au service de laquelle les généraux les plus illustres apportaient leur vaillante épée ; cette République qui avait pu traverser, sans périr, la plus cruelle épreuve ; qui avait eu le rare bonheur de s'établir et de s'affermir sans qu'aucune offense eut été faite aux propriétés ou aux personnes ; dont la religion bénissait les symboles de liberté ; qui était parvenue à conserver la paix avec les puissances qu'elle avait d'abord effrayées. — Il faudra bien leur dire qu'elle fut renversée par une sédition, au moment où les passions s'apaisaient, où dans les travaux de la paix, elle s'occupait de la réforme de nos lois civiles les plus essentielles.... il faudra bien leur dire.... Oh ! ceux qui aiment leur pays plus qu'eux mêmes, auraient eu le courage d'étouffer les souvenirs. Pourquoi donc d'imprudents amis du gouvernement viennent-ils pour consacrer un anniversaire fatal, jeter aux vaincus de 1851 l'outrage et le défi. Vous avez lu le *Pays, journal de l'empire.* Je ne sais rien de plus violent et de plus insensé, de plus dangereux pour la paix publique : c'est une coupable excitation à la haine des citoyens les uns contre les autres.

Nous voulons oublier, et vous voulez nous contraindre à nous souvenir. Eh bien ! non, je n'ai pas oublié cette fin d'un jour plein d'émotion, où moi, soldat obscur, je fus appelé, par une bienveillance qui s'exagérait, à annoncer que la République venait de recevoir sa solennelle consécration, par la désignation de son président! Oui je me souviens que je fus remplacé à la tribune que je quittais et que j'entendis prononcer le plus grand et le plus auguste de tous les serments... Je m'arrête. Je sens que mon cœur déborde ; vous n'entendriez plus la parole de l'avocat, et ici je ne dois pas laisser éclater l'indignation du citoyen !

(L'honorable avocat se rassied au milieu de l'émotion générale. — Des démonstrations sympathiques éclatent dans l'auditoire.)

M. le président : Je dois rappeler que toutes marques d'approbation ou d'improbation sont interdites dans cette enceinte.

M. le procureur impérial (très vivement) : Les dernières paroles du défenseur, relatives au *Journal de l'empire*, sont complétement étrangères à ce débat. Je m'étonne que l'on m'ait prêté l'étrange système de sonder les cœurs et les reins. Je crois que l'on a simplement voulu placer une phrase à effet... (Murmures). Je proteste au nom du ministère public. J'ai si peu procédé par voie d'insinuation, que peut-être j'ai trop lu : c'est le seul reproche que l'on puisse me faire.

J'ai lu l'article du 10 novembre, où est l'ouverture de la souscription. J'ai fait plus ; j'ai montré, dans l'*Avenir national* et le *Réveil*, les souscriptions de Mangin revendiquées. C'est matériel.

On veut parler, comme moyen juridique, du jugement de Toulouse. Ce jugement de première instance, à peine rendu, est, je crois, frappé d'appel ; mais la situation n'est pas la même.

Vous avez dit que, pour prouver la culpabilité, il fallait rattacher la souscription à des manœuvres coupables, mais c'est précisément à quoi tendait notre raisonnement quand nous disions que le fait de Mangin n'était qu'un anneau de la chaîne nouée par Peyrat et Delescluze. Vous vous débarrassez de la réponse parce que Mangin a dit que c'était à la souscription qu'il adhérait. Mais Peyrat et Delescluze l'ont revendiqué, donc coupable là-bas, coupable ici. Mais à quel résultat on arrive avec votre manière de raisonner. Delescluze coupable, vous ne le seriez pas, ni les trente autres journaux qui ont tenu la même conduite. Ce n'est pas possible, et ce n'est pas avec quelques phrases que vous pouvez défaire ce que vous avez fait.

On a parlé du coup d'Etat, je n'ai pas à répondre. Je n'ai pas la prétention que ma voix soit plus forte que la voix de la France. (Mouvement.)

L'unanimité de la France l'a applaudi. Ce fut un cri immense de soulagement en voyant le fléau détourné. L'impression des générations d'alors n'est pas détruite.

Que la génération actuelle ignore ce qui se passait alors et que, dédaigneux, on refuse de s'instruire, chacun le peut faire à ses dépens, c'est l'histoire ; mais la génération d'aujourd'hui ne détruira pas le passé, et nous, nous avons dit que le coup d'Etat fut un acte sauveur. Et quiconque voudra se rappeler les scènes des départements de la Drôme et de la Nièvre dira que ce fut un acte sauveur qui nous délivra de ce danger.

Vous parlez de ruines. Oh ! certes, nous nous les rappelons, et c'est à cause de cela que nous avons le plus ardent désir de réprimer ce qui doit être réprimé, pour en empêcher de nouvelles.

Me Waldeck-Rousseau : Messieurs, encore quelques instants de votre bienveillance. Je ne puis laisser les paroles du ministère public sans réponse.

Nous sommes en dissentiment, mon éminent contradicteur et moi, sur les principes qui gouvernent l'affaire.

Pour moi, le délit ne peut résulter que des paroles et des actes du prévenu ; c'est là, et là seulement, qu'il faut chercher et trouver l'élément constitutif de l'incrimination.

Cette opinion n'est pas isolée, elle est consacrée par la décision du tribunal de Toulouse. C'est là le point de départ. Il est net.

Il faut, pour qu'il y ait délit, que les manœuvres soient prouvées par des faits ; il faut, en outre, qu'elles aient un but coupable. Or, le tribunal de Toulouse dit avec une souveraine raison que les faits sur lesquels s'appuyait la prévention n'étaient qu'une imitation de ceux de Paris ; que cette imitation d'un fait légal en lui-même, n'équivalait pas à la preuve, indispensable, qu'il y avait affiliation, correspondance quelconque.

Et plus loin il déclare que le fait de la souscription est légal. N'est-ce pas l'analyse fidèle du jugement ?

Reportant mes regards sur la situation de l'écrivain que je défends, je la vois identique à celle du *Libéral*. Je ne le vois pas plus coupable que lui d'intelligence ni de manœuvre. M. Mangin n'a pas voulu qu'on se méprît sur le sens et la portée de son action ; ostensiblement, ni occultement, il n'est sorti du cercle tracé par sa triple déclaration. Vainement dira-t-on : « Vous avez parlé comme le *Réveil*, comme l'*Avenir national*, vous avez reproduit leur langage, leurs récits. »

Tous les journaux ont raconté les faits du cimetière Montmartre, et les incidents qui les ont suivis. Il n'en est pas un, sans distinction de couleur politique, qui n'ait dans sa chronique reproduit les articles du *Réveil* et de l'*Avenir*. Est-ce par de tels faits qu'on noue les intelligences, qu'on organise les manœuvres que la loi condamne ? devient-on co-auteur des faits dont on offre le récit à la curiosité de ses lecteurs ? Ne faut-il pas la volonté de se les approprier ? quelque chose en un mot qui montre qu'on accepte la responsabilité qu'ils créent ?

M. Mangin a dit ce qu'il voulait faire, ses intentions,

son but. Prouvez qu'il a dit ou fait autre chose, qu'il s'est associé à d'autres tentatives ou à d'autres desseins. A-t-il marché dans l'ombre, tramé mystérieusement? Ah! sa pensée, dans toute sa plénitude, il l'a mise au grand jour; ses épanchements ont été complets. Quoi! ce n'est pas ce qu'il a dit, ce qu'il a fait que vous voulez juger; c'est autre chose. C'est impossible!

Je m'étonne, Messieurs, de la vivacité avec laquelle on m'a répondu, en méconnaissant le sens et la portée de mes paroles. Depuis que j'appartiens à la vie judiciaire, j'ai eu un respect profond pour les magistrats; ils personnifient la justice et la loi, et leur constante bienveillance pour moi me prouve que je ne me suis pas écarté de la déférence que je leur dois; mais je place bien haut aussi l'indépendance de ma parole, et dussé-je déplaire quelquefois, je ne saurais pas en faire le sacrifice. Oui, respect pour la robe du magistrat, mais accordez les mêmes égards à celle de l'avocat; elle est modeste, sa dignité est dans l'accomplissement des devoirs qu'elle impose. (Assentiment.)

Pourquoi m'adjurer de dire la vérité sur les événements dont ma plaidoierie a parlé. Ne l'ai-je pas fait? La vérité, ah! je la pourrais dire plus triste et plus navrante encore, car je la sais. Mais où me conduirait une réponse complète à l'interpellation directe et personnelle qui m'est faite? Je resterai circonspect et prudent, parce que ma constance dans mes sentiments politiques est dégagée d'aveuglement et de passion.

Vous voulez que je confesse les périls de 1851, que je les accepte comme l'explication et l'excuse, que dis-je! la légitimation du 2 décembre? Non, non jamais. En 1851, la Constitution était respectée; les pouvoirs publics poursuivaient facilement leur œuvre; la famille était honorée, la propriété protégée, les citoyens exprimaient librement leur pensée ; la conscience politique comme la conscience religieuse avaient leur complète liberté ! et c'est soudain, dans la nuit du 2 décembre qu'une révolution a éclaté ! et contre quels factieux porte-t-elle ses attaques ? contre les hommes les plus éminents, la gloire, l'orgueil de la patrie, contre les élus du suffrage universel. Ils sont surpris, faits prisonniers ! et sur quels ordres ? au nom de quel pouvoir ? oh ! sans doute quand on porte une main violente sur un gouvernement régulier, on a besoin d'une excuse, elle est la même pour tous les triomphateurs que la force couronne ; quel est celui qui ne s'est pas proclamé le sauveur providentiel de la société ? Eh bien ! moi je le déclare, il n'est pas un pouvoir sorti du suffrage populaire, qui puisse se faire absoudre de n'avoir pas fait appel au pays, et c'est vainement qu'il invoquera une nécessité dont il s'est constitué arbitrairement le juge unique.

Les hommes qui, comme moi, appartiennent à la génération politique de 1848, avaient un devoir à remplir envers le pays. Vaincus, mais animés d'une foi inébranlable dans le droit et la justice, ils lui devaient l'exemple de l'abnégation personnelle et de l'obéissance aux lois ; ils l'ont donné, mais ne leur demandez pas d'absoudre un pouvoir qui ne se dégagera jamais de son origine !

NANTES, IMP. ÉV. MANGIN, QUAI DE LA FOSSE, 25.

www.ingramcontent.com/pod-product-compliance
Ingram Content Group UK Ltd.
Pitfield, Milton Keynes, MK11 3LW, UK
UKHW012123240726
13965UKWH00005B/1945